Petit monde vivant

Les RHINOCÉROS

Bobbie Kalman

Traduction : Marie-Josée Brière

Les rhinocéros est la traduction de *Endangered Rhinoceros* de Bobbie Kalman (ISBN 0-7787-1898-0).
© 2004, Crabtree Publishing Company, 612 Welland Ave., St.Catherines, Ontario, Canada L2M 5V6

Catalogage avant publication de Bibliothèque et Archives nationales du Québec et Bibliothèque et Archives Canada

Kalman, Bobbie, 1947-

Les rhinocéros

(Petit monde vivant)
Traduction de : Endangered rhinoceros
Pour enfants de 6 à 10 ans.

ISBN 978-2-89579-202-4

1. Rhinocéros - Ouvrages pour la jeunesse. 2. Espèces en danger - Ouvrages pour la jeunesse. I. Titre. II. Collection: Kalman, Bobbie, 1947- . Petit monde vivant.

QL737.U63K3414 2008   j599.66'8   C2008-941035-1

Recherche de photos
Crystal Foxton

Remerciements particuliers au Fonds mondial pour la nature
(WWF)

Photos
Zoo et jardin botanique de Cincinnati : David Jenike : pages 22-23, 28 et 29
Bruce Coleman Inc. : Dieter et Mary Plage : page 25

Visuals Unlimited : Joe McDonald : page 21
Bharat Pokharel/WWF-Népal : page 27 (en haut)
Lee Poston/WWF : page 27 (en bas)
Autres images : Corel, Digital Stock et Digital Vision

Illustrations
Barbara Bedell : quatrième de couverture, bordures, pages 4, 5, 6, 7, 8, 9 (sauf le cheval et le zèbre), 10, 17, 18, 21, 24 et 30
Jeannette McNaughton-Julich : page 9 (cheval et zèbre)

Nous reconnaissons l'aide financière du gouvernement du Canada par l'entremise du Programme d'aide au développement de l'industrie de l'édition (PADIÉ) pour nos activités d'édition.

Conseil des Arts   Canada Council
du Canada   for the Arts

Bayard Canada Livres Inc. remercie le Conseil des Arts du Canada du soutien accordé à son programme d'édition dans le cadre du Programme des subventions globales aux éditeurs.

Cet ouvrage a été publié avec le soutien de la SODEC.
Gouvernement du Québec – Programme de crédit d'impôt pour l'édition de livres – Gestion SODEC.

Dépôt légal – 3e trimestre 2008
Bibliothèque nationale du Québec
Bibliothèque nationale du Canada

Direction : Andrée-Anne Gratton
Graphisme : Mardigrafe
Traduction : Marie-Josée Brière
Révision : Johanne Champagne

© Bayard Canada Livres inc., 2008
4475, rue Frontenac
Montréal (Québec)
Canada H2H 2S2
Téléphone : 514 844-2111 ou 1 866 844-2111
Télécopieur : 514 278-3030
Courriel : edition@bayard-inc.com

Imprimé au Canada

Table des matières

En péril!

On dénombre aujourd'hui sur la Terre plus de 1 000 espèces connues d'animaux en péril. Dans quelques années, certaines de ces espèces n'existeront plus. Toutes les espèces de rhinocéros sont en péril, et certaines risquent même de disparaître avant très longtemps. Tu apprendras dans ce livre quelles sont les différentes espèces de rhinocéros, pourquoi ces animaux sont en difficulté et comment les humains peuvent les aider.

Le rhinocéros noir est un des plus menacés.

Quelques mots à retenir

Les scientifiques emploient différents termes pour désigner les animaux en péril. Voici ce que signifient quelques-uns d'entre eux.

disparus Décrit les animaux qui n'existent plus nulle part; personne n'en a vu depuis au moins 50 ans à l'état sauvage, dans les endroits qui ne sont pas contrôlés par les humains.

disparus à l'état sauvage Décrit les animaux qui ne survivent plus que dans les zoos ou dans d'autres endroits gérés par les humains.

en voie de disparition Décrit les animaux qui sont sur le point de disparaître à l'état sauvage.

menacés Décrit les animaux qui risquent de disparaître à l'état sauvage.

vulnérables Décrit les animaux qui pourraient être menacés de disparition à cause des dangers présents dans les endroits où ils vivent.

Cinq espèces, toutes en péril

Il existe cinq espèces de rhinocéros. Certaines sont en voie de disparition. Le rhinocéros de Java risque même de disparaître à l'état sauvage d'ici dix ans. C'est l'espèce la plus menacée non seulement parmi les rhinocéros, mais peut-être aussi parmi tous les **mammifères** du monde !

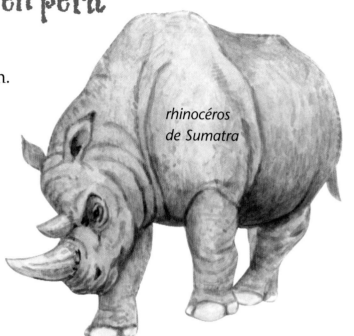

rhinocéros de Sumatra

Le rhinocéros de Java

Le rhinocéros de Java est en voie de disparition. Il en reste aujourd'hui moins de 60, qui vivent dans deux endroits seulement : à Java, une île d'Indonésie, et au Vietnam. Le rhinocéros de Java est aussi appelé « petit rhinocéros unicorne d'Asie ».

rhinocéros de Java

Le rhinocéros de Sumatra

Le rhinocéros de Sumatra est en voie de disparition. On en dénombre aujourd'hui moins de 300 dans le monde, en Indonésie et en Malaisie. On l'appelle aussi « rhinocéros bicorne d'Asie » ou, familièrement, « rhinocéros poilu » parce qu'il a deux cornes et des touffes clairsemées de longs poils hirsutes. À la naissance, il est couvert d'une épaisse fourrure noire. (Tu trouveras des photos de petits rhinocéros de Sumatra aux pages 28 et 29.)

Le rhinocéros noir

Comme le rhinocéros de Sumatra, le rhinocéros noir a deux cornes. Il a aussi la lèvre supérieure en pointe. C'est pourquoi on l'appelle parfois « rhinocéros à gueule pointue ». Sa peau épaisse et grise, sans poils, est habituellement couverte de poussière ou de boue, ce qui le fait paraître noir. Le rhinocéros noir vit en Afrique, où il en reste moins de 2 500. Les scientifiques croient que, sans aide, cette espèce pourrait disparaître d'ici 2010.

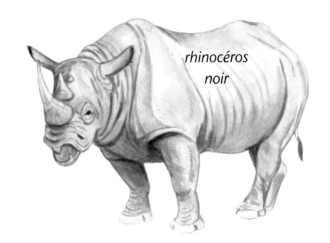

rhinocéros noir

Le rhinocéros blanc

Le rhinocéros blanc, lui aussi, a deux cornes et vit en Afrique. On en dénombre de 11 000 à 12 000, répartis dans deux groupes séparés. Un de ces groupes, appelé « groupe du Nord », est en voie de disparition. L'autre, le « groupe du Sud », est cependant en expansion.

Le rhinocéros indien

Le rhinocéros indien, ou « grand rhinocéros unicorne d'Asie », est plus gros que celui de Java. Comme son nom l'indique, il n'a qu'une seule corne. Son corps est couvert de grandes plaques bosselées ; on dirait qu'il porte une armure. Il a aussi de grands replis de peau au cou. Grâce aux habitants de l'Inde et du Népal, qui ont travaillé fort pour sauver cette espèce, le nombre des rhinocéros indiens est passé de 200 à 2 400 en moins de cent ans !

rhinocéros blanc

Le rhinocéros blanc n'est pas vraiment blanc. Son nom vient en fait d'une confusion entre le mot néerlandais « weit », qui veut dire « large », et le mot anglais « white » qui, lui, signifie « blanc ». Les Néerlandais l'appelaient ainsi parce qu'il a le museau large et carré. D'ailleurs, il serait plus juste de le désigner sous le nom de « rhinocéros à gueule large ».

rhinocéros indien

Qu'est-ce qu'un rhinocéros ?

Les rhinocéros sont des mammifères. Ce sont des animaux à sang chaud, ce qui veut dire que leur corps reste toujours à la même température, qu'il fasse chaud ou qu'il fasse froid autour d'eux. Les mammifères ont une colonne vertébrale, et ils ont généralement le corps couvert de poils ou de fourrure. Les femelles nourrissent leurs petits avec le lait qu'elles produisent.

Les rhinocéros adorent se rouler dans la boue et dans l'eau, ce qui les aide à combattre la chaleur. La couche de boue qui recouvre alors leur peau les protège aussi des mouches qui pourraient chercher à les piquer.

Des doigts en nombre pair ou impair

Les rhinocéros font partie d'un groupe d'animaux qu'on appelle les « ongulés ». Ce sont des mammifères munis de sabots. Les ongulés sont répartis en deux groupes : les artiodactyles et les périssodactyles. Les artiodactyles ont des sabots constitués de deux doigts. Ils ont donc un nombre pair de doigts. Les girafes, les hippopotames et les cerfs sont des artiodactyles. Les périssodactyles, eux, ont un nombre impair de doigts : ils peuvent en avoir un ou trois. Les chevaux, les zèbres, les tapirs et les rhinocéros appartiennent à ce groupe. Les chevaux et les zèbres ont un seul doigt, tandis que les rhinocéros et les tapirs en ont trois.

un doigt

trois doigts

tapir

cheval

zèbre

rhinocéros

Le corps des rhinocéros

Le mot « rhinocéros » vient de deux mots grecs qui signifient « nez » et « corne », mais les excroissances que cet animal a sur le nez ne sont pas des cornes à proprement parler. Les véritables cornes sont faites de la même substance que les os, tandis que celles des rhinocéros se composent de fibres de **kératine** rattachées à la peau de leur museau.

La longueur de ces cornes peut varier de 2,5 centimètres à 1,5 mètre ! Les rhinocéros s'en servent surtout pour se battre, mais parfois aussi pour déterrer des racines dont ils se nourrissent.

Les rhinocéros peuvent avoir une ou deux cornes.

rhinocéros de Sumatra   rhinocéros de Java   rhinocéros noir   rhinocéros blanc   rhinocéros indien

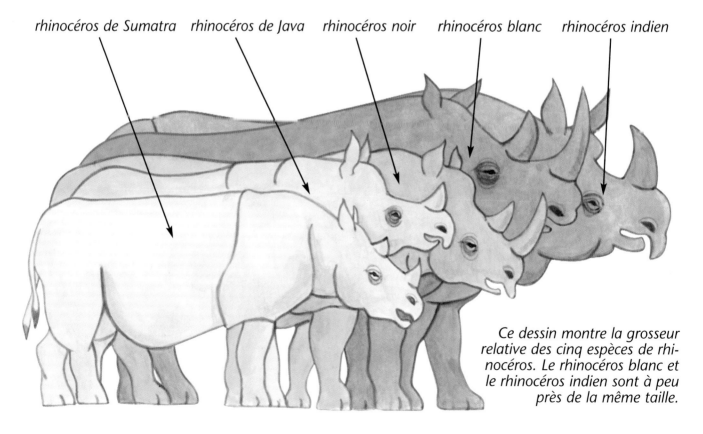

Ce dessin montre la grosseur relative des cinq espèces de rhinocéros. Le rhinocéros blanc et le rhinocéros indien sont à peu près de la même taille.

Les incisives

Les rhinocéros de Sumatra, les rhinocéros de Java et les rhinocéros indiens ont des dents d'en avant bien coupantes appelées « incisives ». Les rhinocéros blancs et les rhinocéros noirs n'en ont pas. Ils utilisent plutôt leurs lèvres pour arracher leur nourriture.

rhinocéros blanc

Les sens du rhinocéros

Le rhinocéros n'a pas une bonne vue. Comme ses yeux sont très écartés de chaque côté de sa tête, il ne peut se servir que d'un œil à la fois pour voir devant lui. Il a toutefois une excellente ouïe et un odorat très développé, ce qui compense pour sa mauvaise vue.

Des lèvres en pointe

Le rhinocéros noir (ci-dessus) a la lèvre supérieure préhensile : elle est pointue et légèrement recourbée vers l'arrière, ce qui permet à l'animal d'arracher plus facilement les feuilles des arbres et des buissons. Le rhinocéros indien (ci-dessous) a lui aussi une lèvre préhensile, mais elle est plus courte que celle du rhinocéros noir. Quand il mange de l'herbe, il replie le bout de sa lèvre vers l'intérieur.

La peau des rhinocéros forme des replis épais. La peau des rhinocéros indiens, comme celui qu'on voit à droite, ressemble à une lourde armure.

11

Les habitats des rhinocéros

L'habitat d'un animal ou d'une plante, c'est l'endroit où on les retrouve dans la nature. Les rhinocéros ont divers habitats : forêts, montagnes ou savanes. Les savanes sont des prairies parsemées d'arbres.

Les rhinocéros choisissent toujours des habitats où ils auront accès à l'eau. Ils vont s'abreuver chaque jour à un point d'eau. En période de sécheresse, ils peuvent toutefois survivre jusqu'à quatre jours sans boire.

Ces rhinocéros blancs vivent dans la savane africaine. Dans les savanes, il fait chaud presque toute l'année.

Les rhinocéros d'Asie

Les rhinocéros indiens, comme ceux de Java et de Sumatra, vivent en Asie. Les rhinocéros de Java aiment les forêts pluviales denses, où ils peuvent trouver de l'eau et de la boue. Les rhinocéros de Sumatra préfèrent les régions où il y a des arbres, dans les collines ou les **terres basses**. Quand aux rhinocéros indiens (à droite), ils vivent dans les marais, parmi les roseaux et les herbes hautes.

Les rhinocéros d'Afrique

Les rhinocéros noirs et les rhinocéros blancs vivent dans les savanes de l'est et du sud de l'Afrique. Les rhinocéros noirs (à droite) fréquentent les endroits où il y a des arbres et des buissons à manger, tandis que les blancs (page ci-contre) préfèrent les zones herbeuses. La plupart des rhinocéros d'Asie vivent près de l'eau, alors que ceux d'Afrique doivent parfois marcher plusieurs heures pour trouver un point d'eau.

Des mégaherbivores

Les rhinocéros sont des herbivores, ce qui veut dire qu'ils se nourrissent de plantes. On appelle « brouteurs » ceux qui mangent de l'herbe. Seul le rhinocéros blanc est un véritable brouteur. Les autres rhinocéros se nourrissent plutôt de feuilles et de jeunes pousses d'arbres et de buissons. On leur donne parfois le nom de « folivores ».

Les rhinocéros sont des mégaherbivores, c'est-à-dire de très gros herbivores. Ils mangent chaque jour d'énormes quantités de nourriture! Les mégaherbivores sont très importants pour la planète. En mangeant les pousses des arbustes et des petits arbres, ils contribuent à les garder en bonne santé tout en limitant leur croissance, ce qui permet à d'autres plantes de pousser.

Les rhinocéros se nourrissent le matin et le soir, quand il fait relativement frais. Pendant les heures les plus chaudes de la journée, ils dorment. On voit souvent des oiseaux appelés « pique-bœufs » perchés sur les rhinocéros noirs. Ces oiseaux mangent les puces et les tiques qui vivent sur la peau des rhinocéros.

Une alimentation différente

En plus de feuilles et de branches, les rhinocéros de Java et de Sumatra mangent des pousses de bambou et des fruits tombés des arbres, par exemple des figues et des mangues. Les rhinocéros indiens se nourrissent de feuilles et de plantes aquatiques, mais aussi de longues herbes. Ils vont parfois se nourrir dans les champs cultivés près de leur habitat.

Une forte concurrence

Autrefois, les habitats des rhinocéros étaient très étendus, et on y trouvait des herbes et des plantes en quantité. Aujourd'hui, cependant, les gens aménagent des fermes et des villes dans ces habitats. Il reste donc moins de nourriture pour les rhinocéros. C'est pourquoi ces animaux sont en concurrence entre eux – et avec les humains – pour se nourrir. (Va voir à la page 25.)

Le comportement des rhinocéros

La plupart des rhinocéros sont soli-taires, c'est-à-dire qu'ils préfèrent vivre seuls. Les mères gardent toutefois leurs bébés près d'elles. Les rhinocéros blancs sont plus sociables que ceux des autres espèces et vivent souvent en troupeaux. Les jeunes, comme les rhinocéros noirs qu'on voit ci-dessus, forment parfois de petits groupes.

Plusieurs rhinocéros peuvent partager le même **territoire**, mais il ne peut y avoir qu'un seul mâle dominant. C'est généralement celui qui a la plus grosse corne. Pour marquer son territoire, le mâle dominant en asperge les limites avec de l'urine ou y laisse ses excréments.

À l'assaut !

Les rhinocéros sont des animaux paisibles, sauf s'ils sont menacés. Les mâles se battent cependant parfois pour un territoire ou de la nourriture. Leurs cornes et leurs dents peuvent infliger des blessures graves. Il arrive aussi que le rhinocéros noir et le rhinocéros indien **chargent**, en particulier les humains. Quant au rhinocéros blanc, il a beau être gros, il est facilement intimidé et il évite généralement les combats.

Le rhinocéros noir est parfois agressif !

*Chez les rhinocéros blancs, il arrive qu'un mâle **soumis** affronte le mâle dominant pour prendre sa place. Les deux rhinocéros vont alors croiser leurs cornes en se regardant en silence. Ensuite, ils se séparent et essuient leurs cornes sur le sol. Ils répètent ce manège jusqu'à ce qu'un des deux mâles abandonne la partie. Ils se battent rarement. Le mâle qui l'emporte devient le mâle dominant et marque le territoire, ce que ne font pas les mâles soumis.*

Le cycle de vie du rhinocéros

Entre la naissance et l'âge adulte, tous les animaux passent par une série de changements qu'on appelle un « cycle de vie ». Une fois adultes, ils peuvent faire des bébés à leur tour. Chaque fois qu'un bébé naît, un nouveau cycle de vie commence.

À sa naissance, le bébé rhinocéros boit le lait de sa mère.

En grandissant, le petit mange des feuilles, des herbes et d'autres plantes. Il reste avec sa mère environ deux ans.

Le bébé rhinocéros se développe dans le ventre de sa mère jusqu'à ce qu'il soit prêt à naître.

Le rhinocéros juvénile quitte ensuite sa mère à la recherche d'un nouveau territoire. Quand il sera adulte, il se trouvera un partenaire avec qui il pourra faire des bébés.

Prêts à s'accoupler

Dans la nature, les rhinocéros
mâles sont prêts à **s'accoupler**,
ou à faire des bébés, entre six
et douze ans. Mais ils doivent
d'abord se trouver un territoire.

Les femelles

La plupart des femelles commencent
à s'accoupler entre quatre et sept ans.
Chez les rhinocéros indiens, les
femelles peuvent toutefois avoir
des bébés dès l'âge de trois ans.

Un petit à la fois

Les bébés rhinocéros se développent
dans le ventre de leur mère pendant
15 à 16 mois. Les mères donnent
généralement naissance à un seul
petit tous les deux à quatre ans.

Le nouveau-né

À sa naissance, le bébé rhinocéros
pèse de 35 à 70 kilos et mesure environ
60 centimètres de haut. Il est complète-
ment démuni, et a besoin de sa mère
pour le nourrir et le protéger.

Attention aux prédateurs !

Le jeune rhinocéros grandit sous la surveillance constante de sa mère, qui sera prête à se battre si son petit est menacé par un **prédateur**. Les prédateurs des rhinocéros blancs et des rhinocéros noirs, en Afrique, sont les lions, les hyènes et les guépards. Les rhinocéros d'Asie n'ont toutefois pas de prédateurs naturels. Le principal prédateur de toutes les espèces de rhinocéros, c'est l'humain.

Si une mère rhinocéros se fait tuer, son petit risque de mourir parce qu'il n'y a plus personne pour le nourrir et le protéger.

Où sont les petits ?

Pour protéger son petit, la mère rhinocéros blanc (ci-dessus) le garde devant elle. Dans la savane, où il y a peu de végétation, les prédateurs attaquent par derrière. Si un prédateur voulait s'en prendre à un petit, il devrait donc attaquer la mère d'abord. Chez les rhinocéros noirs (à droite), toutefois, la mère reste devant son petit. En effet, ces rhinocéros cherchent à manger dans les arbres et les buissons, où un prédateur pourrait se cacher. En gardant son petit derrière elle, la mère peut se battre contre ce prédateur et protéger ainsi son petit.

Moins de petits

Une population, c'est le nombre total d'animaux de la même espèce vivant à un endroit donné. Les populations de toutes les espèces de rhinocéros diminuent rapidement. C'est notamment parce qu'il n'y a pas assez de bébés qui deviendront un jour adultes.

Moins de rhinocéros

Chaque année, il meurt plus de rhinocéros qu'il n'en naît. Quand un bébé rhinocéros meurt, il faut beaucoup de temps avant que sa mère ait un nouveau petit. Moins il y a de bébés qui naissent, moins il reste de rhinocéros sur la Terre. Si personne ne les aide, certaines espèces de rhinocéros risquent de disparaître d'ici moins de vingt ans.

Les petits rhinocéros qui naissent ne deviendront pas tous adultes : beaucoup seront tués.

22

À l'état sauvage, la population de rhinocéros de Sumatra compte moins de 300 individus. Ce bébé est né dans un zoo. Il aura une vie différente de celle des rhinocéros de Sumatra qui naissent dans la nature.

De graves dangers

Les rhinocéros sont en péril parce qu'il en naît moins qu'avant, mais surtout parce que beaucoup se font tuer par des braconniers. Ce sont des chasseurs qui tuent illégalement des animaux sauvages pour vendre certaines parties de leur corps. Les rhinocéros sont chassés surtout pour leurs cornes.

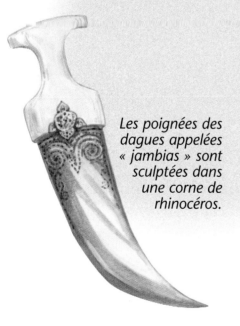

Dans certaines régions du monde, des gens continuent d'acheter des cornes de rhinocéros même s'il est illégal d'en vendre ou d'en acheter.

Des cornes précieuses

Les cornes de rhinocéros servent à faire des poignées de dagues. Ces dagues sont un symbole de richesse et de puissance au Yémen. Dans ce pays du Moyen-Orient, des gens sont prêts à payer très cher pour avoir une dague munie d'une poignée en corne de rhinocéros !

Les poignées des dagues appelées « jambias » sont sculptées dans une corne de rhinocéros.

La médecine asiatique

Les cornes de rhinocéros, moulues, servent aussi à faire des médicaments. En Asie, certaines personnes croient que ces médicaments aident à faire baisser la fièvre. Il existe pourtant bien d'autres médicaments plus efficaces qui n'obligent pas à tuer des rhinocéros !

Trop de gens

Chaque année, la population humaine augmente partout dans le monde. Comme les animaux, les gens ont besoin de nourriture. Alors, pour survivre, ils coupent des arbres et cultivent la terre là où des plantes poussaient autrefois à l'état sauvage. Ils élèvent aussi des animaux, qu'on appelle du « bétail », dans les endroits qu'ils ont défrichés. Ils détruisent ainsi les zones où les animaux sauvages trouvaient de l'eau fraîche et de la nourriture. C'est ce qu'on appelle la « **destruction des habitats** ». Quand les plantes dont se nourrissaient les rhinocéros sont détruites, ces animaux doivent faire concurrence aux humains et au bétail pour manger. Tous les rhinocéros, comme le rhinocéros de Java qu'on voit ci-dessus, sont en péril à cause de la destruction de leurs habitats.

25

La vie dans les réserves

Bon nombre des rhinocéros encore à l'état sauvage vivent dans des parcs ou des réserves fauniques. Ce sont généralement de vastes zones, où l'on trouve beaucoup d'espèces de plantes et d'animaux. Les rhinocéros qui y vivent sont libres d'aller et de venir à leur guise.

Des gardes-chasse prennent soin des rhinocéros malades ou blessés et s'efforcent de les protéger contre les braconniers, mais ils ne les nourrissent pas. Dans certaines réserves, des gardes armés sont embauchés pour protéger la population de rhinocéros.

Opération Rhino

Dans le cadre de projets comme Opération Rhino, des rhinocéros qui vivent dans des endroits où ils sont en danger sont déplacés vers des endroits plus sûrs. Ils y seront protégés des braconniers et de la destruction de leur habitat. Les déménagements de ce genre ont permis de faire passer la population des rhinocéros blancs de 20 individus à plus de 12 000, et celle des rhinocéros indiens de 200 à plus de 2 000 en moins de quarante ans.

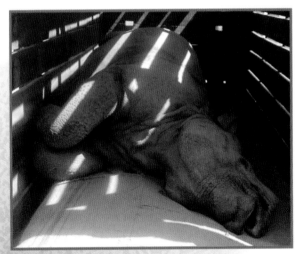

(Ci-dessus) Ce bébé rhinocéros a été endormi pendant son transfert vers une réserve. Le voyage a duré 15 heures.

(Ci-dessous) La mère a été transférée elle aussi. Il a fallu 20 personnes pour la faire entrer dans le camion ! À son arrivée dans la réserve, elle est sortie du camion à reculons pour commencer une nouvelle vie en sécurité.

La vie dans les zoos

Comme les rhinocéros n'ont pas assez de place pour vivre tous à l'état sauvage, beaucoup se retrouvent dans des zoos. Les zoos modernes recréent les habitats naturels dans lesquels vivaient ces animaux. Les meilleurs emploient des équipes de scientifiques qui étudient les animaux, et qui assurent leur confort et leur sécurité.

Tu peux apprendre une foule de choses sur les animaux en visitant les zoos. Beaucoup ont adopté des **plans de sauvegarde des espèces**. Les rhinocéros trouvent dans ces zoos un endroit sûr pour vivre et faire des bébés. Chaque fois qu'un petit rhinocéros naît, le zoo contribue à sauver son espèce de l'extinction.

(Ci-dessus) Ce petit rhinocéros de Sumatra est né dans un zoo. Un vétérinaire et d'autres employés du zoo le surveillent de près pour s'assurer qu'il reste en santé et qu'il grandit bien.

(À droite) Les rhinocéros de Sumatra ont des touffes de longs poils, tandis que les autres rhinocéros n'ont presque pas de poils.

(Ci-contre) À la naissance, les rhinocéros de Sumatra sont couverts d'une épaisse fourrure noire.

Pour aider les rhinocéros

Tout le monde peut contribuer à sauver les rhinocéros. Le meilleur moyen, c'est d'apprendre des choses sur eux et sur leurs habitats, pour pouvoir ensuite partager tes connaissances avec d'autres. Et les gens que tu auras informés pourront diffuser le message à leur tour !

Un endroit pour apprendre

S'il y a près de chez toi un zoo où vivent des rhinocéros, demande à ton professeur si ta classe peut y aller. Tu pourras y observer le comportement de ces animaux, et voir comment ils

nourrissent leurs bébés et prennent soin d'eux.

Pour recueillir des fonds

Après votre visite au zoo, vous pourriez organiser différentes activités pour recueillir des fonds afin de protéger les rhinocéros dans la nature. Ta classe pourrait même adopter un rhinocéros !

Pour toujours !

Ce qui compte surtout, c'est de comprendre que tous les animaux de la Terre sont très importants pour les autres créatures, y compris les humains. Quand un animal disparaît, c'est pour toujours ! Une excellente façon d'aider les animaux, c'est de parler à d'autres personnes de leur importance. Voici quelques idées pour commencer.

Pour commencer

- Avec tes camarades de classe, préparez un journal sur les animaux en péril. Les élèves peuvent être divisés en équipes de reporters, qui rédigeront des articles sur les habitats et le cycle de vie de ces animaux. Renseignez-vous sur les dangers qui les menacent. Et n'oubliez pas d'inclure des histoires sur les espèces qui ont été sauvées !

- Pendant votre visite au zoo, photographiez des rhinocéros et d'autres animaux en péril. Servez-vous de vos photos pour illustrer votre journal.

- Écrivez des poèmes sur les rhinocéros. Faites des dessins pour illustrer vos poèmes et affichez le tout sur les murs de l'école.

Sur Internet

Pour apprendre une foule de choses sur les rhinocéros, rends-toi sur les sites suivants :
- fr.wikipedia.org/wiki/Rhinocéros
- www.wwf.be/fr/juniors/doc/fiches/rhinoblanc.htm
- pwww.wwf.ch/fr/lewwf/notremission/especes/Especes/rhinoceros22/index.cfm

Pour voir ce que les gens font pour protéger les rhinocéros, va voir sur :
- www.un.org/french/works/environment/animalplanet/rhino.html

Et, pour trouver d'autres sites sur ces animaux, tu peux aller à :
- www.faunaventure.org/animaux/rhinoceros.html

Glossaire

Note : Les définitions présentées à la page 5 sont adaptées de la Liste rouge des espèces menacées établie par l'Union mondiale pour la nature (UICN).

accoupler (s') S'unir à un animal de la même espèce pour faire des bébés

charger Attaquer en fonçant vers l'avant

destruction des habitats Dommages causés aux endroits où vivent des plantes ou des animaux dans la nature

juvénile Jeune ; pas encore adulte

kératine Substance dure dont sont faits les becs, les sabots et les ongles

mammifère Animal à sang chaud qui naît avec du poil ou de la fourrure et qui boit le lait de sa mère pendant quelque temps

plan de sauvegarde des espèces Programme visant à informer les gens sur les animaux en péril et à réunir certains de ces animaux pour qu'ils puissent s'accoupler et accroître ainsi leur population

prédateur Animal qui en chasse d'autres pour se nourrir

soumis Qui se laisse dominer par un autre être vivant

terres basses Zones plus basses ou plus plates que les terres qui les entourent

territoire Zone contrôlée par un animal, une personne ou un groupe

Index